Kind sein in Zeiten der Pandemie
vergeben – nicht vergessen

AF184534

Dr. Margarete Daiber-Helmbold

Kind sein in Zeiten der Pandemie
vergeben – nicht vergessen

WICHTIGER HINWEIS

Aus Gründen des persönlichen Datenschutzes wurden die Namen aus meinen Briefen und Emails entfernt. Die Haftung der Verfasserin ist für Personen-, Sach- und Vermögensschäden ausgeschlossen.

Impressum
1. Auflage
© 2023 Dr. Margarete Daiber-Helmbold

Das Werk darf, auch teilweise, nur mit Genehmigung der Autorin wiedergegeben werden.

Illustriert von: Dr. Anna Daiber

Herstellung und Verlag: BoD – Books on Demand, Norderstedt
Printed in Germany
ISBN: 978-3-741-29535-5

Der Inhalt dieses Buches ist eine kleine Zeitreise. Sie beruht auf Gesprächen, Beobachtungen und Erfahrungen aus den Jahren 2020 – 2022 in meiner kinderärztlichen Praxis.
Es ist gleichzeitig ein Plädoyer für das, was uns Menschen ausmacht.
Liebe, Nähe und soziales Miteinander.

Auf Quellenangaben wurde bewusst verzichtet.
Im Anhang finden sich ausgewählte von mir geschriebene Emails an das Niedersächsische Kultusministerium und Briefe an die Ständige Impfkommission, STIKO, die zum größten Teil nicht, oder standardisiert beantwortet wurden.

Für
Christian
und alle,
die sich für Kinder stark machen

INHALT

VORWORT 10
von Yasmin Milan-Humbracht

EINLEITUNG Teil 1 14
EINLEITUNG Teil 2 18

TEIL I 20
Noch nicht geboren sein 21
Geboren werden 24

TEIL II 28
In die Krippe gehen 29
In den Kindergarten gehen 31

TEIL III 34
Zu Hause lernen 35
In die Grundschule gehen 38
In die weiterführende Schule gehen 41

ANHANG ZU TEIL II UND III	 46
Emails und Briefe	 46
TEIL IV	 60
Kinder, Jugendliche und die Covid Impfung	 61
ANHANG ZU TEIL IV	 70
Emails und Briefe	 70
NACHWORT	 80
DANKSAGUNG	 86

VORWORT

TRAUMATISCHER STRESS FÜR KINDER UND JUGENDLICHE, PLÖTZLICH IST ALLES ANDERS

Liebe Leserinnen, liebe Leser,

mit Beginn der Pandemie Anfang 2020 hat sich das Leben für Kinder und Jugendliche verändert.

Die Geschehnisse, die durch die Corona-Pandemie ausgelöst wurden, können vor allem aufgrund ihrer Dauer und Unvorhersehbarkeit zu tiefen Ängsten führen und je nach psychischer Verfassung so gravierenden Einfluss auf die Psyche haben, dass man sie in der Psychologie als *traumatisch* bezeichnet.
Auch schon bestehende Traumata könnten nun reaktiviert werden.

Was ist überhaupt ein Trauma?
Erlebt ein Mensch eine existenzielle Bedrohung, die ausweglos erscheint, kann daraus eine Traumatisierung, eine seelische Wunde entstehen.
Auch viele Jahre nach einem solchen Ereignis können leidvolle Gefühle und Verhaltensweisen auftreten.

Wie psychischer Stress auf Körper und Verhalten wirkt ist komplex und bei jedem Menschen, je nach Erfahrungshintergrund, individuell.
Unter starkem Stress können Kinder, Jugendliche und

auch Erwachsene mit den unterschiedlichsten Gefühlen wie Wut, Ärger, Angst, Trauer, Hilflosigkeit und/oder Kontrollverlust in sich konfrontiert sein. Stress kann so auf Dauer krank machen.
Die Wahrnehmung wird eingeengt, das Immunsystem geschwächt, die Affekt- und Impulskontrolle gestört.
Stressregulationen waren bei vielen Kindern während der Zeit der Pandemie kaum noch möglich.
Wichtige Stressregulationen für Kinder und Jugendliche sind Nähe, Bindung und Fürsorge.

Dies sind Grundbedürfnisse eines jeden Kindes von Geburt an.
Werden diese Grundbedürfnisse ausreichend beantwortet, entwickelt sich eine sichere Bindung und wir können uns dadurch später gut selbst regulieren.
Das bedeutet, Selbstregulation durch die Co-Regulation eines Erwachsenen zu lernen.
Kinder und Jugendliche sind noch nicht in der Lage, sich selbst zu regulieren, sie sind auf die Erwachsenen angewiesen.
Bleibt die Co-Regulation aus, wird ein Muster von Über- und Untererregung im Gehirn des Kindes gebahnt.

Während der Pandemie wurde bei vielen Kindern und Jugendlichen das äußere System wie Schule, Sportvereine und andere Freizeitaktivitäten und häufig auch das innere System, die familiären Strukturen, zerbrechlich.

Wenn sich eine Störung innerhalb dieses Systems

manifestiert, benötigt Heilung mehrere Komponenten zur Stabilisierung.

Traumatherapie und Traumpädagogik gehören als relativ junge Wissenschaft dazu.
Im Hinblick auf den enorm wachsenden therapeutischen Bedarf wäre es wünschenswert, in jeder pädagogischen und medizinischen Einrichtung ausgebildete Traumapädagogen und Therapeuten zu beschäftigen.
Schon alleine das Wissen aus der Psychotraumatologie (die Lehre der seelischen Wunden) kann den Umgang und das Verständnis für traumatisierte Kinder und Jugendliche fördern und somit dazu beitragen, wieder mit Resilienz und Freude am Leben teilzuhaben.

Die Autorin Dr. Margarete Daiber-Helmbold leistet mit ihrer Zeitreise einen wichtigen Beitrag dazu, die Geschehnisse dieser Zeit noch einmal zu beleuchten, sie nicht zu vergessen, um sie letztendlich dann auch vergeben zu können.

Yasmin Milan-Humbracht
HP Psychotherapie - Traumatherapeutin

EINLEITUNG Teil 1

FEBRUAR 2022

Ich schreibe an diesem Tag einen Text.
Für mich selbst?
Eine Veröffentlichung, selbst als Leserbrief, erscheint mir derzeit unwahrscheinlich bis unmöglich.

EINE KINDERÄRZTLICHE BEOBACHTUNG AUS ZWEI JAHREN LEBEN IN DER PANDEMIE

Zwei Jahre schon.
Ich bin niedergelassene Kinderärztin und Mutter von sieben Kindern.
Manchmal schießen mir die Tränen in die Augen, wenn ich mit den Eltern meiner kleinen und großen Patienten spreche.
In den letzten zwei Jahren höre ich fast täglich traurige und bewegende Geschichten, die jedes Lebensalter betreffen.
Mit Beginn der Pandemie waren es die Erkrankung und Vereinsamung der alten Menschen.
Mit der Dauer der Kontaktbeschränkungen, Lockdowns, aber auch Einführung der Impfungen, gibt es einen Wandel hin zu den jüngeren Erwachsenen, vor allem aber zu den Kindern.
Angefangen beim Neugeborenen, dessen Mutter fast bis zur Geburt alleine ist und dessen Vater draußen warten

muss und nicht seiner Partnerin beistehen kann. Nur ein kurzer Aufenthalt im Kreißsaal ist in vielen Kliniken trotz aller Schutzmaßnahmen erlaubt und somit findet Geborenwerden als elementares Lebensereignis derzeit ethisch kaum noch Würdigung.
Außerhalb dessen ist der Alltag meiner Patienteneltern immer häufiger von immensen Stresssituationen geprägt. Kita und Schulschließung, gleichzeitig Homeoffice, manchmal auch der Untergang der beruflichen Existenz und damit die private Verarmung, häufig begleitet von Angst oder Depression.
Am Schlimmsten aber ist zum jetzigen Zeitpunkt die spürbare Entwicklung im Hinblick auf die Spaltung unserer Gesellschaft, die nach anfänglich großem Zusammenhalt mit einer emotionalisierten Impfdiskussion begonnen hat und inzwischen fast jede Familie und viele Freundschaften betrifft.

Und die Kinder?

So abgedroschen es klingen mag, die Kinder und Jugendlichen sind definitiv die Verlierer der Pandemie. Kontaktbeschränkungen und Lockdowns, Kita-, Schulschließungen und Homeschooling sind das Eine. Das, was aber mindestens so schwer wiegt, sind Angst und Schuldgefühle im Hinblick auf die Erkrankungen der Erwachsenen.
Die enorme Zunahme der Suizidversuche auch jüngerer Kinder sind nur eine logische Schlussfolgerung der Ausweglosigkeit, in der sich viele Kinder befinden. Zugespitzt hat sich die Situation für die Kinder emotional

noch mehr seit der STIKO Empfehlung, die 12- bis 17-Jährigen zu impfen.
Der Zusatz, ungeimpfte Kinder und Jugendliche nicht von der sozialen Teilhabe auszuschließen, ist dabei politisch und menschlich verhallt.
Sozialer Druck und immer häufiger auch Mobbing, bringen Eltern dazu, dem Bitten ihrer Kinder nachzugeben und einer Impfung aus nicht medizinischer Indikation zuzustimmen.
Das anfängliche Ansinnen, die 2G Regelung auch für Jugendliche anzuwenden, hat die Lage noch zugespitzt.
Die gleiche Thematik erlebe ich jetzt bei den 5-11 jährigen, bei denen die STIKO die Impfung für gesunde Kinder nicht empfohlen, aber eine Hintertür offen gelassen hat für die Anwendung der Impfung auf Wunsch der Eltern. Dieses Vorgehen hat fatale Folgen im Hinblick auf den enormen Druck, auch in dieser Altersgruppe sein Kind impfen zu lassen.
Das Nutzen-Risiko-Verhältnis lässt hier viele Fragen offen, zumal wir es mit einer beschleunigten Zulassung des Impfstoffes zu tun haben und langfristige Studien, wie es sonst üblich ist, nicht verfügbar sind.
Wenn ich nur aus kinderärztlicher Perspektive spreche, ist es ohnehin so, dass mein kinderärztlicher Alltag noch nie von so wenigen akuten Erkrankungen geprägt ist wie in den letzten zwei Jahren.
Während der gesamten Pandemie musste keiner meiner Patienten stationär behandelt werden.
Die Kollateralschäden allerdings, die die Pandemie bei Kindern und Jugendlichen hervorbringt, sind erheblich und werden uns jahrelang beschäftigen.

Angststörungen, Depressionen, Schulphobie, häusliche Gewalt, Entwicklungsstörungen und Übergewicht sind nur wenige von vielen mehr.
Noch ein Wort zu den Masken.
Inzwischen tragen auch Grundschulkinder immer häufiger FFP2 Masken.
Auch wenn sie noch so hübsch bedruckt sind, ändert es nichts an der Tatsache, dass diese Masken für so kleine Kinder ungeeignet sind, weil sie den Atemwegswiderstand erhöhen. Bei Hortkindern werden Masken 8 Stunden täglich getragen. Seither werden immer häufiger Kinder mit Kopfschmerzen vorgestellt.
Ich frage mich, in welchem Ausmaß hier Traumatisierung stattfindet.
Für viele Kinder und Jugendliche würde ich diese Frage mit ja beantworten.
Wenn wir in unsere Nachbarländer schauen, werden dort inzwischen die Corona Maßnahmen erheblich gelockert oder sogar beendet. Auch hierzulande müssen wir in diesem Sinne handeln.
Besonders für unsere Kinder sollten wir immer wieder genau hinschauen, was wirklich noch notwendig ist und die Angst beiseite schieben.
Ich berufe mich jetzt und auch in der Zukunft auf das Genfer Gelöbnis, dem ich mich verpflichtet fühle.
Darin steht, ich werde die Autonomie und die Würde meiner Patientin oder meines Patienten respektieren.
Kinderrechte gehören dazu.

EINLEITUNG Teil 2

FEBRUAR 2023

Ein Jahr ist vergangen.
Ich schreibe wieder.
Für wen?
Vielleicht für mich selbst,
Vielleicht für alle, die fühlen wie ich.

NICHT VERGESSEN

Drei Jahre leben mit der Pandemie, fast alle Corona Maßnahmen sind gefallen, und doch müssen Menschen in Krankenhäusern, Praxen und Pflegeeinrichtungen immer noch Maske tragen.
Inzwischen ist es mir immer mehr zuwider, für mich selbst, aber vor allem, wenn kleine Kinder mit FFP2 Masken in die Praxis kommen.
Noch immer ist bei einigen Patienteneltern Angst der größte Begleiter und damit auch bei den Kindern.
Die Verordnungen für Logopädie und Ergotherapie sind in die Höhe geschnellt, dort, vor allem aber bei den Kinderpsychotherapeuten sind die Wartelisten so lang wie nie zuvor.
Fast alle Eltern mussten in diesem Winter feststellen, dass das Immunsystem ihrer Kinder nicht mehr trainiert war und nun ständige Atemwegsinfekte die Folge waren.
Die Kollateralschäden der Pandemie Maßnahmen treten

immer deutlicher hervor.
Gerade haben wir von unserem Gesundheitsminister erfahren, dass Kita- und Schulschließungen zu hart und damit nicht notwendig waren.

Auch wenn es schwer fällt, ist es jetzt notwendig, noch einmal einzutauchen in die Geschehnisse dieser letzten drei Jahre.
Die rasante Veränderung einer ganzen Gesellschaft während dieser Zeit darf nicht einfach in Vergessenheit geraten. Das, was dazu geführt hat, muss jetzt noch einmal angeschaut und reflektiert werden.
Die folgenden Texte sind Geschichten und Eindrücke, die für sich sprechen und an eine Zeit erinnern, die sich vor allem für die Kinder nicht wiederholen darf.

TEIL I

Die sanfte Geburt

*Vor dem Augenblick der Geburt,
diesem so empfindlichen Moment,
sollten wir die größte Hochachtung haben.
Hier geschieht etwas,
das so wenig greifbar ist,
wie das Erwachen am Morgen.
Das Kind ist auf der Schwelle zwischen zwei Welten.
Es zögert...
Nicht stören. Warten. Es ist die Morgendämmerung.
Störe nicht jenes Morgenrot,
das sich großartig und majestätisch über alles breitet.
Warte. Warte.
Wie langsam, wie gewichtig vollzieht sich der Übergang.
Dieses Kind erwacht zum ersten Mal.
Es ist noch mit einem Fuß im Reich der Träume,
der andere stößt schon an die Bettkante.
Es verlässt die Ewigkeit und springt in die Zeitlichkeit.
Das Kind hat begonnen zu atmen.*

Frederic Leboyer

NOCH NICHT GEBOREN SEIN

Ein paar Worte möchte ich schreiben über die Ungeborenen, diese geheimnisvollen Wesen.
Sie sind vom Zeitpunkt ihrer Entstehung bis zu ihrer Geburt untrennbar auf verschiedenen Ebenen mit ihrer Mutter verbunden, und damit auf ihr verantwortungsvolles und fürsorgliches Verhalten angewiesen, aber auch das ihrer Umwelt.
Äußere Faktoren wie gute Ernährung, Alkohol- und Drogenabstinenz sind für das Gedeihen eines ungeborenen Kindes unerläßlich.
Wir wissen aber auch, dass sich erheblicher mütterlicher Stress, verbunden mit Angst, ungünstig auf die Schwangerschaft und das Wachstum eines ungeborenen Kindes auswirken kann.
Eine Schwangerschaft, und damit verbunden Mutter oder Eltern zu werden, bedeutet im günstigsten Falle große Freude und Gedanken darüber, wie das Leben mit Kind aussehen und gestaltet werden kann.
Abgesehen von Anschaffungen für das Neugeborene, gehören gemeinsame Besuche zur Ultraschalluntersuchung in der gynäkologischen Praxis oder Schwangerschaftskurse bei der Hebamme und deren Vorbesuche zu Hause dazu.
Während der Pandemie ist alles ausgefallen.
Die Vorsorgeuntersuchungen musste die werdende Mutter, bis auf wenige Ausnahmen, alleine bewältigen.
Solange es in der Schwangerschaft keine besonderen Vorkommnisse gab, war es vielleicht noch erträglich, kam es aber zu einer Komplikation bei Mutter oder Kind,

bedeutete dies eine schlechte Nachricht alleine entgegen zu nehmen und im Falle eines Krankenhausaufenthaltes auch dort alleine zu sein.
Die traumatischen Momente für werdende Mütter und möglicherweise auch für die Ungeborenen begannen oft schon vor der Geburt, aber erst dann sollten sie ihren Höhepunkt erreichen. Dazu später.
Anstatt sich mit Leichtigkeit und Freude über dieses und jenes Gedanken zu machen, war häufig die zentrale Frage in der Schwangerschaft:

Wo bekomme ich mein Kind?
In welcher Klinik darf ich während der Pressphase die Maske abnehmen?
Wann darf meine Partnerin oder mein Partner dazukommen?
Wo lasse ich den großen Bruder oder die große Schwester, wenn der Kontakt zu den Großeltern durch Kontaktbeschränkungen oder Angst vor Krankheit nicht möglich ist?

Die Einführung der Impfung löste bei vielen Schwangeren zusätzlichen Stress und Angst aus, vor allem bei Frauen, die Bedenken hatten sich impfen zu lassen, aber von vielen Kolleginnen und Kollegen, und letztendlich durch die Empfehlung der STIKO selbst, erheblich unter Druck gesetzt wurden.
Ähnlich erging es den Partnerinnen oder Partnern, denn zeitweise war es nicht mehr möglich, ungeimpft ein Krankenhaus zu betreten.

Letztendlich kann nichts die bedingungslose Liebe einer Mutter zu ihrem ungeborenen Kind verändern.
Die menschlich oft unwürdigen Bedingungen einer Geburt in Zeiten der Pandemie lassen nur erahnen, welche Kräfte wir Frauen besitzen, wenn es um unsere Kinder geht.

GEBOREN WERDEN

Die Geburt eines Kindes ist ein elementares Lebensereignis.
Sie bedeutet nicht nur, sein Kind zur Welt zu bringen, sondern auch als Mutter geboren zu werden.
Jede Frau, die ein Kind bekommen hat, kann sich an alle Einzelheiten erinnern.
Wie wir geboren werden und wie wir gebären ist von entscheidender Bedeutung für unser weiteres Leben.
Viele Jahre war der geburtshilfliche Fokus in unserem Gesundheitssystem fast ausschließlich von einem Sicherheitsaspekt geprägt, der die emotionalen Bedürfnisse der Frauen in den Hintergrund stellte.
Eine würdevollere und sensiblere Begleitung der gebärenden Frau in der vielleicht intimsten Situation ihres Lebens wurde von vielen Hebammen und auch von den Frauen selbst eingefordert, und damit hatten längst vor Beginn der Pandemie Gebärwannen, von der Decke hängende Tragetücher und Bonding Einzug in die Kreißsäle gehalten.
Dass der werdende Vater oder eine andere Person bei der Geburt dabei ist, war sowieso schon lange eine Selbstverständlichkeit.
Durch die Maßnahmen während der Pandemie erlebten wir diesbezüglich eine schwere Regression in längst vergangene Zeiten.

Jetzt waren Frauen bei der Geburt ihres Kindes zum größten Teil vollkommen auf sich selbst gestellt.

Viele Mütter haben mir erzählt, dass sie an der Eingangstür von ihren Partnern abgegeben werden mussten, und selbst mit Wehen, die schon in kurzen Abständen kamen, angewiesen wurden alleine mit dem Fahrstuhl auf die geburtshilfliche Station zu fahren. Spätestens hier ist die Angst mitgefahren.
Der werdende Vater oder eine andere begleitende Person wartete häufig verzweifelt vor der Klinik, sein PCR Test in Bearbeitung, gerufen wurde er aber frühestens, wenn seine Frau in den Kreißsaal kam und dies nach oft stundenlangen Wehen.

Dies geschah trotz einer Impfung, die, wie wir wissen keinen Fremdschutz bietet, trotz FFP2 Maske und Test.

Im Hinblick darauf, dass Personal knapp und an eine kontinuierliche Betreuung der Gebärenden gar nicht zu denken ist, gibt es dadurch viele Frauen, die eine Geburt schmerzhafter als gewöhnlich, vor allem aber als entwürdigend erlebten.
Das Grausamste am Gebären während der Pandemie war sicher die Maskenpflicht. Ich habe mit vielen Frauen in meiner Praxis gesprochen, die auch in der Pressphase die FFP2 Maske nicht abnehmen durften. Abgesehen davon, dass die Luft knapp wird, kann es mehr Demütigung nicht geben.

Wo sind die emotional guten Geburtsbedingungen geblieben, die wir derzeit im Wesentlichen in den Geburtshäusern und bei Hausgeburten vorfinden?

Viele Frauen, die geahnt haben, was auf sie zukommt, haben sich gemeinsam mit ihrem Partner oder ihrer Partnerin dafür entschieden.
Wir wissen, dass die Geburt eines Kindes unter emotional guten Bedingungen zwar durchaus ein schmerzhaftes, aber gleichzeitig ein so starkes Erlebnis sein kann, wenn nur die Geburtshormone in Ruhe arbeiten dürfen. Die Eins-zu-Eins-Betreuung einer erfahrenen Hebamme sorgt hier für Sicherheit.

Für die Kinder bedeutet eine sanfte Geburt nach meinen Erfahrungen auch als Säugling ausgeglichener zu sein, besser zu schlafen und mit weniger Hektik und Unruhe zu trinken.
Eine Mutter, die nach dem Geburtsschmerz einer emotional entspannten Geburt glückselig ihr Baby auf dem Bauch fühlt, erholt sich rasch und wird sich irgendwann vielleicht noch ein Kind wünschen.
Eine Mutter, die während und nach der Geburt alleine und ohne Fürsorge gelassen wurde, ist vermutlich geburtstraumatisiert und möchte so etwas Schreckliches nicht noch einmal erleben.

Hier ist die menschliche und ethische Würdigung einer entscheidenden Lebenssituation dreier Menschen voll und ganz auf der Strecke geblieben.

Wir Frauen sollten aufstehen und diesen Zustand, der durch nichts mehr zu begründen ist, sofern er noch existiert, jetzt beenden.
Ich habe den Verdacht, dass er von Menschen

beschlossen wurde, die niemals ein Kind geboren haben.

TEIL II

Kinder sollten mehr spielen, als viele es heutzutage tun.
Denn wenn man genügend spielt,
solange man klein ist,
dann trägt man Schätze mit sich herum,
aus denen man später ein Leben lang schöpfen kann.
Dann weiß man, was es heißt,
in sich eine warme Welt zu haben,
die einem Kraft gibt,
wenn das Leben schwer wird.

Astrid Lindgren

IN DIE KRIPPE GEHEN

Sein Kind in die Krippe geben bedeutet, die Ein- bis Dreijährigen nach einer individuellen Phase der Eingewöhnung einer Fremdbetreuung anzuvertrauen. Dieses kann schon in gewöhnlichen Zeiten bei einem so kleinen Kind hohe Stresspegel verursachen, erst recht, wenn der Personalschlüssel wie in vielen Kindertagesstätten viel zu knapp bemessen ist und damit Kindern in diesem Lebensalter nicht gerecht wird.

Während der Pandemie wurden auch in den Krippen Hygienekonzepte, Maskenpflicht für Erzieherinnen und Erzieher, und Abstandsregelungen, sofern dieses überhaupt möglich war, angeordnet.
Pädagogische Konzepte traten dadurch in den Hintergrund.

Am Schädlichsten für die Kinder war vermutlich eine völlig unzureichende, oder gar keine Phase der Eingewöhnung, gleichbedeutend mit einem Abgeben des Kindes an der Tür.
Für Einjährige, die oft noch nicht vollständig bindungssicher sind, eine unzumutbare Maßnahme.

Da Kinder über einen langen Zeitraum immer wieder für die Treiber der Pandemie gehalten wurden, war die Verunsicherung und Angst von Seiten der Erzieherinnen und Erzieher verständlicherweise groß, und damit die körperliche Nähe zum Kind sicher reduziert oder zumindest ambivalent und von der Sorge begleitet, sich

anzustecken.
Das Maskentragen trug dazu bei, dass die Kleinsten keine Gesichtsmimik sahen, und dadurch die Entwicklung der Sprache und sozialer Fähigkeiten gestört wurde.
Hinzu kamen ständige Testungen, teils der Kinder selbst über sogenannte Lolli-Tests oder indirekt über die Eltern, und häufige Quarantänesituationen, die den Kindern nicht ermöglichten, eine kontinuierliche Bindung zu den Erzieherinnen und Erziehern aufzubauen.
Mit der Einführung der 2G Regel hatten ungeimpfte und nicht genesene Eltern endgültig keine Chance mehr, die Einrichtung ihres Kindes zu betreten.

Viele Eltern, vor allem die, die es sich finanziell leisten konnten, haben diese Situation für ihr Kind als untragbar wahrgenommen und sich mit gesunder Intuition gegen eine Krippenbetreuung entschieden.

Die Kleinsten werden uns jedenfalls niemals sagen können, was sie erlebt haben.

IN DEN KINDERGARTEN GEHEN

Für die Altersgruppe der Drei- bis Sechsjährigen zeichnete sich ein ähnliches Bild ab wie für die Krippenkinder.
Es gab allerdings den erheblichen Unterschied, dass viele von ihnen bereits das Kindergartenleben vor der Pandemie kannten, und dies veränderte sich einschneidend durch die Corona-Maßnahmen.
Wie in allen Einrichtungen gab es auch hier Hygienekonzepte und ständiges Händewaschen war an der Tagesordnung.
Niemals vorher habe ich so viele trockene und gerötete Kinderhände gesehen.
Abstandsregelungen gehörten zum Beispiel bei den Mahlzeiten ebenfalls dazu, Essen wurde portionsweise ausgegeben und durfte nicht für die Gemeinschaft auf dem Tisch stehen.

Da die Erzieherinnen und Erzieher Maske tragen mussten, war es den Kindern viel weniger möglich gut sprechen zu lernen.
Hier waren besonders Kinder mit Migrationshintergrund betroffen.
Überhaupt war alles untersagt, was Sprache und Körperwahrnehmung, aber auch soziale und emotionale Kompetenz fördert.
Turnen, singen und tanzen waren verboten.
Nähe zueinander sollte auf ein Minimum reduziert werden, und so durften sich auch Freundinnen und Freunde innerhalb einer Einrichtung nicht besuchen

und miteinander spielen.
Dieses war selbst draußen nicht möglich.

Eltern durften die Einrichtung nicht mehr betreten. Das Ganze gipfelte in der 2G Regelung, die Kinder mussten am Eingang oder einer Außentür abgegeben werden.
Dies betraf auch Kindergartenanfänger, die in dieser Zeit keine Eingewöhnung hatten, und häufig die Trennung von den Eltern, wenn sie den Kindergarten nicht schon durch Geschwisterkinder kannten, selten gut verkrafteten.
Hinzu kam zwei mal wöchentlich ein Schnelltest. Kinder mögen erfahrungsgemäß keine Wattestäbchen in Rachen oder Nase.
Oft genug blieb der Kindergarten wegen Quarantäne geschlossen.

So manches Elternpaar hat deswegen, und das sicher zum Wohle des Kindes, den Kindergarteneintritt um ein Jahr verschoben.

Es ist davon auszugehen, dass es auch für die Erzieherinnnen und Erzieher eine emotional herausfordernde Zeit war, da sie die Maßnahmen umzusetzen hatten und gleichzeitig den pädagogischen Anspruch, für das Wohlbefinden der Kinder zu sorgen.

Was bleibt, sind jetzt schon sichtbare Entwicklungsstörungen der Sprache, Körperwahrnehmung und der kognitiven Fähigkeiten.
Was diese Zeit an seelischen Wunden hinterlassen wird,

werden wir in den nächsten Jahren erleben. Was mag wohl in den Erzieherinnen und Erziehern vor sich gegangen sein, die ihr Bestes gegeben haben und doch wussten, dass es zu wenig ist.

TEIL III

*Wenn wir eine Beziehung haben,
gegenseitigen Respekt und eine gemeinsame Sprache,
können wir über alle Ängste, Sorgen und Widerstände
miteinander reden.*

Jesper Juul

ZU HAUSE LERNEN

Homeschooling war das beste Mittel, die soziale Schere noch weiter zu öffnen.
Kinder aus bildungsfernen Familien waren in dieser Zeit im Hinblick auf Bildungszuwachs weitgehend verloren und oft völlig auf sich alleine gestellt.
Für alle drei beteiligten Gruppen, die Kinder, die Eltern und die Lehrerinnen und Lehrer bedeutete Homeschooling über den in Deutschland immens langen Zeitraum, eine unzumutbare Überforderung.
Fast alle unsere Schulen verfügten nur über eine rudimentäre digitale Ausstattung.
Dies hatte automatisch zur Folge, dass pädagogisches Personal zu diesem Zeitpunkt selten gewohnt war, in diesem Ausmaß digitale Lerninhalte zu vermitteln.
Ganz besonders war das in Grundschulen so.

Lehrerinnen und Lehrer hatten somit unterschiedlich viel Übung in der praktischen Anwendung.
Bei den Kindern wurde damit das Lernen zu Hause fast ausschließlich abhängig vom Bildungsniveau der Eltern.
Zusätzlich wurde der Lernerfolg bestimmt von der häuslichen Ausstattung mit entsprechenden Geräten, Internetanschluss, Größe der Wohnung, vor allem aber von der Motivation, der Fürsorge und dem zeitlichen Engagement der betreuenden Person.
Weitere Faktoren, wie feste Strukturen, eine geborgene Lernumgebung und Geschwister waren ebenfalls entscheidend.
Videokonferenzen klappten nur dann, wenn alle

Faktoren einigermaßen miteinander harmonierten, mit jedem Tag eines neuen Lockdowns ohne Präsenzunterricht war aber spürbar, dass es den Kindern und Jugendlichen immer schlechter ging.
Die Kinder wollten nicht mehr pünktlich aufstehen, sie saßen teilweise im Schlafanzug oder zu spät in der Konferenz und verloren ihre gewohnten Strukturen.
Vor allem im letzten Lockdown gehörten die Jugendlichen zu der Gruppe, die bereits am stärksten unter depressiven Verstimmungen, Ängsten, Einsamkeit, Schulunlust und Orientierungslosigkeit litt.
Den Lernstoff einer 12. Klasse, vor allem in den naturwissenschaftlichen Fächern, zu einem Großteil zu Hause zu bewältigen war so belastend, dass überdurchschnittlich viele Schülerinnen und Schüler die Schule vor dem Abitur verlassen haben.

Homeschooling der Kinder, und oftmals waren es zwei oder drei in einer Familie, und Homeoffice
der Eltern waren geradezu eine toxische Beziehung und führte bei fast allen zu einer tiefen Erschöpfung und vielen familiären Konfliktsituationen.
Zahlreiche Eltern sind dabei über ihre Belastungsgrenze hinausgewachsen, und nicht wenige haben den Erstklässlern selbst das Lesen beigebracht.

Die Verlierer dieser Phase des Lernens waren die Kinder, die auch schon vorher Lernschwierigkeiten in der Schule hatten.
Sie konnten jetzt erst recht nicht mehr erreicht werden.
Was hinter verschlossenen Türen an häuslicher Gewalt

passiert ist, lässt sich nur erahnen.
Für solche Kinder gab es in dieser Zeit keine Hilfe und keinen Halt, kein Kind konnte gehört werden.
Der Alltag der Kinder, die im Homeschooling durch soziale Nachteile nicht erreicht wurden, gestaltete sich häufig in Form eines exzessiven Medienkonsums an Spielkonsolen und Essen durch Frustration und Langeweile mit den entsprechenden Folgen.
Nahezu alle Möglichkeiten der Freizeitgestaltung waren weggebrochen.
Die Sportvereine hatten geschlossen, die Spielplätze waren gesperrt und Verabredungen durch Kontaktbeschränkungen nicht möglich.

Kinder und Jugendliche sind sehr unterschiedlich mit dieser Erfahrung umgegangen.
Bei Vielen von ihnen wird es Jahre in Anspruch nehmen, die Bildungslücken zu schließen und die psychischen Folgen zu heilen.
Homeschooling war die noch schlechtere Alternative zu einem Präsenzunterricht, der mit moderner Pädagogik vor der Pandemie kaum noch etwas gemeinsam hatte und im Wesentlichen ein Konstrukt war aus Hygienekonzept, Abstandsregelung, Testausgabe und Unterricht in Kernfächern.

IN DIE GRUNDSCHULE GEHEN

Der Eintritt in den Lebensabschnitt Schule wird von fast allen Kindern mit Spannung und Vorfreude erwartet. Im Kindergarten sind sie bislang durch Vorschulprojekte und Schnupperunterricht gründlich darauf vorbereitet worden.
All das konnte während der Pandemie nicht stattfinden, und so war bei vielen Erstklässlern und ihren Eltern der bevorstehende Schulbesuch von Ängsten oder Ungewissheit begleitet.
Einschulungsfeiern fanden nur rudimentär statt, und Unterricht wurde ausschließlich in sogenannten Kernfächern unterrichtet, in der Annahme, dass der Erwerb dieser Kompetenzen am wichtigsten sei und kreative Fächer soziale Distanz nicht ermöglichten.
Wer sich aus den Büchern von Astrid Lindgren an „Die Kinder von Bullerbü" erinnert, und Grundschulen, mit ihrem oft bullerbü-ähnlichen Charakter vorher kannte, weiß, dass unsere Schulen in der Pandemie eher einem Hochsicherheitstrakt glichen.
Zutritt für Eltern gab es, wenn überhaupt nur dann, wenn die 2G Kriterien erfüllt waren. Ungeimpfte Eltern hatten keine Möglichkeit mehr, die Schule zu betreten. Ausgeklügelte Hygienekonzepte sorgten dafür, dass unterschiedliche Gruppen sich nicht begegneten, es gab verschiedene Eingänge und Ausgänge und Pfeile, die aufzeigten, in welche Richtung die Kinder sich bewegen durften.
Mit der Abstandregelung musste die soziale Distanz hergestellt werden, die bei den kleinen Schulkindern

alles andere als natürlich ist und konträr war zu allem, was sie bislang erlebt hatten.
Auch die Kleinsten mussten auf den Wegen in der Schule bis zum Platz im Klassenzimmer Masken tragen und dort gab es strenge Sitzordnungen, die eine möglichst große Entfernung bis zum nächsten Kind zum Ziel hatten.
Kurzum, Präsenzunterricht fand in verschiedenen Szenarien statt, aber mit einer modernen und innovativen Pädagogik, vor allem aber mit sozialem Miteinander, hatte dieser nichts zu tun.
Selbst die Kleinsten diskutierten über die Impfung und der eine oder andere freute sich über die Freikarte im Zoo Hannover, und war stolz auf die Impfung, die dort nach einer großen Werbeaktion, auch mittels Elternbriefe über die Schulen, durchgeführt worden war.

Ich habe während dieser Zeit viele Geschichten von Eltern und Kindern gehört, die mich erschaudern ließen.

Bauzäune auf Schulhöfen, die dafür sorgten, dass innerhalb der Absperrung sich nur bestimmte Kinder aufhielten.

Kreise auf Schulhöfen, die dem gleichen Zweck dienten.

Schattenspringen im Schatten der Lehrerin, wenn Kinder sich nicht an die Vorgaben auf dem Schulhof hielten.

Kinder mit Maskenbefreiung ganz hinten im

Klassenraum, direkt am offenen Fenster.

Ampeln in Klassenräumen, die auf rot sprangen, wenn die Maske unter die Nase rutschte und der Abstand nicht eingehalten wurde.

Kinder, die aus Angst ihre Maske nirgendwo mehr abnehmen wollten.
Und, und, und...

Ich habe während dieser Zeit viele Kinder in der Praxis gesehen, die Tics entwickelt haben, ständig Kopfschmerzen hatten oder seufzten, mit dem Gefühl, keine Luft zu bekommen, die einkoteten und einnässten.

Zu hoffen bleibt, dass die kindliche Resilienz groß ist, Schule wieder ein Wohlfühlort wird, und kreative Ressourcen jetzt ganz nach vorne rücken.

IN DIE WEITERFÜHRENDE SCHULE GEHEN

Sie sind die leisesten und unsichtbarsten, und doch die, die unter den Corona-Maßnahmen die meisten Störungen entwickelt haben. Ja, sie sind wirklich die Verlierer der Pandemie.

Zu den Hygienekonzepten, Schnelltests und Abstandsregelungen bleibt auch in den weiterführenden Schulen nichts hinzuzufügen, weil es überall das Gleiche war, und die meisten Schulleitungen auf Verwaltungstätigkeiten reduzierte, die emotional belastend, aber vor allem zeitlich kaum leistbar waren. Eigenverantwortliche Schule musste vorübergehend zu den Akten gelegt werden.

Die Auswirkungen von Lockdowns und begleitendem Homeschooling wurden mit jedem Tag der Pandemie dramatischer, weil es zu einer starken physischen, aber vor allem psychischen Erschöpfung kam.

Sehr schulabhängig hatten die größeren Kinder deutlich mehr Videokonferenzen, die teilweise auch von der Elternschaft in einem viel zu hohen Ausmaß eingefordert wurden. Dies führte in vielen Fällen zu einem Lernpensum, das zeitlich, und schon gar nicht ohne pädagogische Hilfe, bewältigt werden konnte. Ganz besonders betroffen waren die naturwissenschaftlichen Fächer, vor allem Mathematik in Leistungskursen. Hier war Lernerfolg nur möglich mit dem unermüdlichen Einsatz der entsprechenden Lehrkraft.

Vor allem die Jugendlichen zogen sich zu Hause immer mehr zurück, es stellten sich Essstörungen, Ängste und depressive Verstimmungen ein.
Pubertät, und alles was damit zusammenhängt, die Abgrenzung von den Eltern, die Orientierung im eigenen Freundeskreis, die wachsende Autonomie mit kleinen Grenzüberschreitungen und natürlich das Treffen mit Gleichaltrigen zu Partys oder anderen Freizeitveranstaltungen, all das entfiel,
und so wurde analoger oder Präsenzunterricht zu einem Zufluchtsort, wo soziales Miteinander möglich war.

Die Größeren nahmen ihre Situation im Außen so brav und klaglos an, dass es mich in meiner Praxis nicht wunderte, wie schlecht es den meisten im Innen ging. Präsenzunterricht, wenngleich er auch die bessere Alternative zum Homeschooling war, bedeutete eine gänzlich veränderte Schulsituation vorzufinden, ohne Projekt, ohne Musik, ohne gemeinsames Essen, ohne Treffen in der Cafeteria oder in der Pause dort zu sein, wo man vielleicht am liebsten war.
Trotzdem gingen die meisten Kinder gerne zur Schule, die Lehrerinnen und Lehrer bemühten sich nach ihren eigenen Möglichkeiten, dass die Lebensfreude nicht ganz verloren ging.

Die Situation hinsichtlich des sozialen Miteinanders drohte mit der Impfempfehlung der STIKO, Kinder und Jugendliche aus Gründen der sozialen Teilhabe impfen zu lassen, im kompletten Schulgefüge zu kippen. Nun war die Gefahr groß, dass gesellschaftliche Spaltung

auch dort Einzug hielt.
Der Zusatz, nicht geimpfte Kinder sozial nicht auszuschließen, verhallte, und das war fatal.
Die meisten in unserer Gesellschaft waren inzwischen von Angst geprägt, erschöpft und viele, allen voran auch die Kinder und Jugendlichen, hatten mit der Impfung die Aussicht und den großen Wunsch die Freiheitsrechte zurück zu bekommen, die sie so vermissten.
Es war nun sehr abhängig von Schulleitungen und vielleicht einer Elternschaft, die ja längst zur Passivität gezwungen war, ob in Schulen geimpft wurde.
Die Vorstellung für mich als Kinderärztin und Mutter, dass gerade in einer Situation, wo die Schule der einzig positiv besetzte Ort ist, ein medizinischer Eingriff vorgenommen wird, war unvorstellbar.
Eine Aula musste für Kultur, Musik und Feierlichkeiten für die ersehnte Zeit danach gedanklich frei bleiben.
Da genügend Impfzentren zur Verfügung standen, war kein Kind auf ein Impfmobil vor seiner Schule angewiesen.
Die Geimpften schickten sich per WhatsApp Fotos aus ihrem Impfbuch, jeder erzählte sich gegenseitig von seiner Impfung, und der jetzt vermutlich wiederkehrenden Freiheit.
Ungeimpfte Kinder dagegen hatten es schwer. Kaum eine Schule machte nicht Werbung oder erzeugte Druck bei den Eltern, ihr Kind impfen zu lassen.
Mehr, als ich gedacht hätte, sind aber trotzdem bei ihrer Haltung geblieben.
Auch für die Kinder drohte vorübergehend die 2G-Regelung, was gleichbedeutend war, außer in die

Schule zu gehen, an nichts anderem mehr teilnehmen zu können, auch nicht an kleinen privaten Treffen.

Und auch hier wurden mir in meiner Praxis Geschichten erzählt, die mich erschaudern ließen.

Die Ohnmacht eines Kindes mit Asthma, weil es unter der Maske nicht genug Luft bekam, und die Maske nicht absetzen durfte.

Ein ungeimpftes Kind, das alleine nach vorne treten musste, um seinen Schnelltest vorzuzeigen.

Der Oberstufenkurs, in dem ungeimpfte Schülerinnen und Schüler nicht die Stifte der geimpften anfassen durften.

Die Strafarbeit eines Kindes des 5. Jahrgangs weil es die Maske unter der Nase trug. Eine Seite schreiben: "Ich bin unsozial, weil ich meine Maske unter der Nase trage."

Der Zusatz im Zeugnis einer Schülerin des 10. Jahrgangs. „Das Kind ist nicht gegen Corona geimpft."
Und, und, und...

Innovative Pädagogik kehrt zurück, da bin ich mir sicher, aber die Auswirkungen dieser Lebenssituation wird vor allem die Psychotherapeuten noch jahrelang beschäftigen.
Bildungspolitisch muss alles getan werden, um in der

beruflichen Laufbahn dieser Generation Möglichkeiten zu schaffen, Wissensdefizite aufzuholen.
Menschlich können wir diesen Jugendlichen nur wünschen, dass sie das, was sie in diesen beiden Lebensjahren an Resilienz erworben haben, in positiver Weise hinübernehmen können in ihr jetziges Leben.
Die Meisten haben ihre kreativen Ressourcen wiederentdeckt, diese sind wieder erwacht in Form von Projekten, Reisen, gemeinschaftlichen Aktivitäten und feiern.
Lassen wir sie feiern, feiern und noch einmal feiern.

ANHANG ZU TEIL II UND III

25.08.2020
Email an den Kultusminister

Sehr geehrte Frau ...,

bitte richten Sie Herrn ... meinen herzlichen Dank für seine mutige Entscheidung aus, sich gegen eine Maskenpflicht im Unterricht auszusprechen.
Als Kinderärztin und siebenfache Mutter bin ich keineswegs der Meinung meines Kollegen Herrn Dr...
Ich halte es für absolut wichtig, Reiserückkehrer, die meiner Erfahrung nach wenig Eigenverantwortung zeigen, sehr genau im Blick zu behalten.
Die Schulleiter sollten noch einmal darauf hingewiesen werden, wie wichtig lüften ist, und dann statt Maske die Kinder eben etwas wärmer zu kleiden.
Masken im Unterricht hätten zur Folge, dass Kinder stundenlang diese nicht abnehmen können.
Im Hinblick auf die vielen Angststörungen, die sich inzwischen bei Kindern entwickeln und immer mehr Studien, die belegen, dass Kinder in der Pandemie nicht die Hauptrolle spielen, halte ich die Entscheidung von Herrn ... für sehr richtig.
Dieses wird unterstützt durch die Erfahrungen der skandinavischen Länder.

Mit freundlichen Grüßen,
Dr. Margarete Daiber-Helmbold

30.12.2020
Email an den Kultusminister

Sehr geehrte Frau …,

Herr Minister … hat bislang in der Pandemie für die Schulkinder mutige und kluge Entscheidungen getroffen.
Im Hinblick darauf, dass die Schule hoffentlich regulär startet, hoffe ich, dass er über den neuesten Artikel aus dem Ärzteblatt vom Dezember verfügt, in dem anhand von Studien noch einmal Kinder als Pandemietreiber **ausgeschlossen** werden.
Dies bestätigt sich auch bei uns niedergelassenen Kinderärzt*innen. Wir hatten noch nie so wenig an akuten Atemwegsinfektionen erkrankte Kinder wie dieses Jahr.
Gelegentlich haben wir Covid 19 positive Eltern, deren Kinder trotzdem negativ bleiben.

Was deutlicher wird sind depressive Verstimmungen und Ängste, vor allem bei Kindern aus kleinen Haushalten, hinzu kommt häufig ein ausgeprägter Medienkonsum. Angstfocussiertes Verhalten durch Nachrichten trägt dazu immer mehr bei. Szenario B kann nur eine Notlösung sein, Eltern kleiner Kinder verzweifeln mit Homeoffice und Homeschooling.

Ich bitte Sie daher, die Schulen und Kindergärten offen zu halten. Nicht nur aus bildungspolitischer Sicht, sondern auch für die körperliche und seelische

Gesundheit unserer Kinder sollte dieses oberste Priorität haben.

Mit freundlichen Grüßen,
Dr.Margarete Daiber-Helmbold

11.01.2021
Email an den Kultusminister

Sehr geehrte Frau …,

bitte richten Sie Herrn Minister … meinen herzlichsten Dank für seinen Mut und die Vernunft aus, Grundschüler*innen und Schüler*innen der Abschlussklassen weiterhin Szenario B zu ermöglichen. In meiner Praxis erlebe ich die Verzweiflung vieler Eltern, den Spagat zu schaffen zwischen chaotisch organisiertem Homeschooling und gleichzeitiger Berufstätigkeit als immer größer. Die jüngeren Kinder verlieren zunehmend ihre natürliche Lebensfreude. Bitte holen Sie in Ihre Beratungsgremien auch Kinderärzt*innen und Eltern.
Meines Erachtens ist die Schule mit ihren bislang sehr guten Hygienekonzepten für die Zahlen der Pandemie relativ unerheblich, wie ja auch viele Studien inzwischen bestätigen.
Wenn die Schulwege in öffentlichen Verkehrsmitteln entfallen könnten und dafür gäbe es von Seiten vieler Eltern sicher Ideen, könnte Szenario B für alle Kinder ermöglicht werden.
In akademischen Haushalten ist Szenario C schon schwierig, in sozial schwachen Haushalte sitzen Kinder vermutlich fast nur noch vor dem Computer und betreiben ekzessiven Medienkonsum mit Online Spielen.

Mit freundlichen Grüßen,
Dr.Margarete Daiber-Helmbold

18.01.2021
Email an den Kultusminister

Sehr geehrter Herr Minister ...,

seit den Weihnachtsferien sehe ich in meiner kinderärztlichen Praxis bei Eltern und Kindern entweder Angst, Resignation oder pure Verzweiflung.
Homeoffice und Homeschooling funktionieren immer schlechter, Dunkelheit und Winter mit begrenzten Möglichkeiten, die Kinder draußen zu beschäftigen, tragen dazu bei.
Die Jugendlichen schaffen es irgendwie, aber vereinsamen.
Alle versacken regelrecht vor dem Computer. Alle sind physisch und psychisch erschöpft.

Meines Erachtens treffen Sie immer mutige Entscheidungen, manchmal auch gegen den Mainstream.

Meine große Bitte ist, Schulen und Kindergärten zu öffnen. Die Hotspots, nämlich Pflegeheime für Senioren, liegen davon weit entfernt. Die Virusmutationen werden wir durch weitere Schulschließungen nicht aufhalten können, hier tragen offene Büros und öffentliche Verkehrsmittel viel mehr dazu bei.
Wir haben doch viele Möglichkeiten, die Schulen offen zu halten.

- weiterhin die Anwendung der bewährten Hygienekonzepte
- inzwischen können alle Lehrer*innen mit FFP2 Masken ausgestattet werden.
- Lehrer*innen, die die Corona Impfung wünschen und Risikopersonen sind, sollten in der Impfstrategie bevorzugt behandelt werden.
- Lehrer*innen, die große Sorge im Hinblick auf Präsenz und gute Gründe dafür haben, sollten weiterhin von zu Hause aus unterrichten dürfen.
- Pflegeheime, als inzwischen bekannte Hotspots, müssen im Gegenzug besser geschützt werden
- Antigen Schnelltests sind einfach in der Anwendung, auch ohne Arzt, bei vielen reicht ein Rachenabstrich. Diese sollten großzügig zur Verfügung gestellt werden.
- öffentliche Verkehrsmittel sollten für Alle gemieden werden. Entweder mit dem Fahrrad zur Schule oder mit dem privaten PKW, dass, was vor der Krise nicht gewünscht war, könnte
   jetzt sinnvoll sein. Lieber so, als gar keine Schule.

Die Situation ist mit dem ersten Lockdown in der Dimension und er Ausprägung der Bildungsdefizite nicht mehr vergleichbar, auch nicht im Hinblick auf die Hoffnungslosigkeit, die sich einstellt.

Ich bitte Sie daher, dem Kinderrecht auf Bildung höchste Priorität einzuräumen.

Mit freundlichen Grüßen,
Dr. Margarete Daiber-Helmbold

01.02.2021
Email an den Kultusminister

Sehr geehrter Herr Minister ...,

als Kinderärztin möchte ich mich zunächst einmal erneut für Ihr mutiges und vernünftiges Handeln danken.
Ich kann mir vorstellen, unter welchem immensem Druck Sie von verschiedenen Seiten stehen.

Danke, dass der 13.Jahrgang Prüfungen schreiben wird, und damit auch würdevoll den Lebensabschnitt Schule beenden kann.
Danke auch für Szenario B in Grundschulen und Abschlussklassen.

Ich weiß, wie schwierig es ist, aber Schulöffnungen und Kita Öffnungen müssen absolute Priorität haben.
Es brennt in den bildungsfernen Familien und nicht nur dort.
In meiner Praxis habe ich derzeit kaum akut kranke Kinder, dafür umso mehr Traurigkeit, depressive Verstimmungen und Ticstörungen, von Sprachstörungen und Wahrnehmungsstörungen ganz zu schweigen.

Szenario B sollte bedeuten, dass das Kind, es sei denn es gibt gesundheitliche Gründe dafür, in die Schule geht.
Offener Präsenzunterricht erscheint mir nicht sinnvoll, viele Eltern sind voller Angst und schicken ihre Kinder

dann nicht zur Schule, für Lehrer*innen eine unzumutbare Doppelbelastung und für die Kinder mangelhaftes Homeschooling.

Es erscheint mir wichtig, die Schulen mit den sehr guten Hygienekonzepten wieder zu öffnen, wenigstens im Szenario B, mein Vorschlag wäre weiterhin kleine Fahrgemeinschaften zu bilden, damit öffentliche Verkehrsmittel unbedingt gemieden werden, oder mit dem Fahrrad zur Schule zu fahren.
Wenn Lehrer*innen mit FFP2 Masken ausgestattet sind wird kaum ein Risiko bestehen, die großen Schüler*innen tragen sie ohnehin fast alle.Zu Lüftungsanlagen und deren Sinn und Unsinn sollten Sie sich bitte noch einmal kompetent äußern, ebenso zu Plexiglas Trennwänden.
Auf die Impfungen werden wir nicht warten können, und nicht jeder möchte sich impfen lassen.

Der Lockdown wird ja vermutlich verlängert werden, aber die Schulen sollten nicht weiter davon betroffen sein, die Bildungsdefizite und psychischen Störungen werden sonst irreversibel sein.

Mit freundlichen Grüßen,
Dr. Margarete Daiber-Helmbold

12.03.2021
Email an den Kultusminister

Sehr geehrter Herr Minister …,

ich möchte Ihnen ein kurzes Feedback aus meiner kinderärztlichen Praxis geben, dessen Motto inzwischen wirklich lauten muss:

ES BRENNT.

Es brennt in dem Sinne, dass fast alle Kinder und inzwischen auch immer mehr Eltern physisch und psychisch „einknicken".
Depressionen, Tics, Rückenschmerzen, Kopfschmerzen, Bauchschmerzen, Gewichtszunahme, Verhaltensauffälligkeiten, ich könnte noch vieles mehr aufzählen.

Die Inzidenz kann nicht der entscheidende Faktor für Schulöffnung sein.

Da wir inzwischen wissen, dass Schulen keine Infektionstreiber sind, möchte ich Sie hier um eine differenziertere Betrachtungsweise der epidemiologischen Situation bitten.
Eine Inzidenz unter 100 ist in der Region Hannover in den nächsten Tagen und Wochen vermutlich illusorisch.
Die Kollateralschäden für die Kinder
werden **täglich** größer.

Ich bitte Sie, die Kriterien für Schulöffnung anzupassen an die Betrachtung der Hotspots. Wenn die Inzidenz im Wesentlichen durch Altenheime, Großfeiern oder Firmen entsteht, hat dies keinerlei Relevanz für die Schulen.

Mit freundlichen Grüßen und Dank für Ihren Mut im Hinblick auf Abitur und Grundschulen und die damit verbundene Verlässlichkeit,

Dr. Margarete Daiber-Helmbold

14.05.2021
Email an den Kultusminister

Sehr geehrter Herr Minister ...,

als Mutter von sieben Kindern, Kinder-und Jugendärztin, und als Schulelternratsmitglied eines hannoverschen Gymnasiums schreibe ich Ihnen wegen der diesjährigen Abiturklausuren im Fach Mathematik.
Der jetzige Abiturjahrgang hat die komplette Phase der Oberstufe unter den Bedingungen der Corona Pandemie verbracht. Für LehrerInnen und SchülerInnen war dies in pädagogischer, und aus medizinischer Sicht betrachtet eine extreme Herausforderung.
Die Auswirkungen können Sie statistisch in der hohen Zahl der SchulabgängerInnen nachverfolgen, aus kinder- und jugendärztlicher Sicht mündete die Phase des Homeschoolings und der Kontaktbeschränkungen überdurchschnittlich häufig in Lernschwierigkeiten und depressiven Verstimmungen.
Die Bemühungen der LehrerInnen in dieser Phase war groß, trotz allem bedeutete Homeschooling im Fach Mathematik ohne Präsenzunterricht besonders schweren Anforderungen gerecht zu werden.
Eine solche harte Phase des Lernens muss besondere Berücksichtigung finden im Anspruch an die Abiturklausuren. In diesem Jahr war die Abiturklausur im Fach Mathematik zu anspruchsvoll und damit zu schwierig.
Das Problem dieser Klausur ist nicht schulspezifisch, sondern erfasst meiner Kenntnis nach alle Gymnasien

und betrifft auch leistungsstarke SchülerInnen.
Sie wissen selbst, dass in den NC relevanten
Studienfächern jedes Zehntel zählt und mit einer
schlechteren Abitur Durchschnittsnote ganz schnell
berufliche Zukunftsträume zerstört sind.
Ich möchte Sie daher bitten, die Benotung im Fach Mathematik nach oben zu setzen.
Dieses soll nicht als Geschenk verstanden werden,
sondern sachlich und gleichzeitig wertschätzend
SchülerInnen gegenüber, die ihr Möglichstes in einer
menschlich und pädagogischen schweren Zeit getan
haben.
Ich wünsche mir für diesen Jahrgang nicht nur
wunderschöne Entlassungsfeiern und Abibälle, sondern
auch mit dem Gefühl der Fairness und Wertschätzung
die Schule verlassen zu können und damit positiv in die
berufliche Zukunft zu blicken.

Mit freundlichen Grüßen
Dr. Margarete Daiber-Helmbold, Schulelternrat

TEIL IV

Primum nil nocere...
Als Erstes nicht schaden...

Aus „Hippokratischer Eid"
für Ärztinnen und Ärzte

KINDER, JUGENDLICHE UND DIE COVID IMPFUNG

Meine Berichte wären unvollständig, wenn ich nicht noch auf die Covid Impfung zu sprechen käme, die in den Zeiten der Pandemie für Kinder und Jugendliche vieles verschlimmert, und auf mehreren Ebenen Schaden angerichtet hat.
Die Empfehlung der STIKO, diese Altersgruppe nicht aus medizinischen, sondern aus Gründen der sozialen Teilhabe zu impfen war fatal, trotz des Hinweises in der Empfehlung, Ungeimpfte aus dem sozialen Leben nicht auszuschließen. Genau das Gegenteil war der Fall.
Ich möchte daher zwei meiner Briefe an ein Vorstandmitglied der STIKO zitieren.

Mai 2021

Sehr geehrter Herr Prof. Dr...,

als langjährig tätige kinderärztliche Kollegin schätze ich Ihre Kompetenz und Sorgfalt hinsichtlich der Impfungen bei Kindern und Jugendlichen.

Was mich allerdings zutiefst erschreckt, ist Ihre Zustimmung zur Impfung gegen eine Sars-Cov2 Infektion bei Kindern und Jugendlichen.

Seit Beginn der Pandemie haben wir als große Gemeinschaftspraxis mit vier behandelnden Kinderärzt*innen ca. 40-50 Kinder mit einem positiven PCR Test verzeichnet.
Diese Kinder wurden nicht wegen einer klinischen Symptomatik vorstellig, sondern weil in aller Regel die Eltern an Covid-19 erkrankt waren.
Im gesamten Winterhalbjahr 2020/21 habe ich kaum Infekte gesehen, dafür haben Übergewicht und psychische Störungen, funktionelle Beschwerden und Medienkonsum in ihrer Häufigkeit immer mehr zugenommen.

Laut Stellungnahme der DGPI vom 21.04.2021 mussten weniger als 0,01% von 14 Millionen Kindern und Jugendlichen stationär behandelt werden.
Das RKI schreibt, Kinder und Jugendliche seien keine treibende Kraft der Pandemie und geben seltener eine Infektion weiter.

Wir können uns also glücklich schätzen, dass unsere Kinder, zumindest was die Infektion selbst anbelangt, von schweren gesundheitlichen Auswirkungen, bis auf ganz wenige Ausnahmen, verschont bleiben.

Die Vorstellung, Kinder und Jugendliche flächendeckend gegen Covid-19 zu impfen, ist daher für mich zutiefst unethisch und führt den geltenden Impfgedanken der Prävention einer schwerwiegenden Erkrankung ad absurdum.

Wir wissen inzwischen, dass kurzfristige Nebenwirkungen nach den Covid-19 Impfungen bei Jüngeren deutlich häufiger auftreten als bei Hochbetagten, einen langen Beobachtungszeitraum wie bei den herkömmlichen Impfstoffen gibt es gar nicht. Die Hypothese der antigenetic sin einiger namhafter Immunologen könnte die langfristige Reaktionsfähigkeit auf veränderte Virusvarianten beeinträchtigen, was aufgrund der zeitlichen Perspektive bei Kindern besonders gravierende Auswirkungen hätte.
Die neue Technologie der Impfstoffe kam bei Kindern bislang niemals regelhaft zur Anwendung, insbesondere nicht nach einem beschleunigten Zulassungsverfahren. Wir wissen derzeit nicht, wie lange der Impfstoff wirkt und welche Mutationen noch kommen.

Keineswegs sollten Eltern indirekt durch Zugang zu Schule, Kita, Reisen und Freizeitaktivitäten motiviert werden, ihre Kinder impfen zu lassen.

Kinder und Jugendliche haben seit Beginn der Pandemie wirklich ausreichend ihren gesellschaftlichen Beitrag geleistet, die Risikogruppen sind geschützt, jetzt ist die Zeit gekommen, in der wir mit Mut und Zivilcourage nicht nur medizinisch, sondern vor allem gesamtgesellschaftlich vermitteln sollten, dass die jüngste Generation jetzt ohne Impfung das zurückbekommt, was ihr an Lebensfreiheit zusteht.

Ich bitte Sie daher, Covid-19 Impfungen für Kinder und Jugendliche im Sinne einer kritischen Nutzen-Risiko-Abwägung zu überdenken.

Mit freundlichen Grüßen,
Margarete Daiber-Helmbold

Mai 2022

Sehr geehrter Herr Kollege ...,

erfahrungsgemäß lohnen sich in diesen Zeiten kaum noch kritische Statements.
Trotz meiner Sprachlosigkeit über Ihre heutige Kinderempfehlung möchte ich mein Entsetzen darüber zum Ausdruck bringen.
Nun haben wir die Pandemie fast hinter uns, in meiner kinderärztlichen Praxis waren fast alle Kinder an der Omicron Variante erkrankt, die geimpften genauso wie die ungeimpften, keines musste stationär behandelt werden, keines ist an Long Covid oder PIMS erkrankt.
Nun fängt auch für die Kleinen der soziale Spießrutenlauf in Kita und Grundschule an.
Ich könnte darüber inzwischen ein Buch schreiben mit Zitaten von Eltern und Kindern, nach denen sie das Behandlungszimmer mit Wut im Bauch und Tränen in den Augen verlassen.
Warum können Sie nicht der Immunität eines genesenen Kindes vertrauen?

In meiner Praxis habe ich, als kleines Feedback, fünf Fälle sehr schwerer Impfreaktionen bei Jugendlichen, nachdem sie mit Biontech geimpft wurden.
Ich spreche nicht von einem Impfarm oder Fieber, sondern von vermutlich autoimmunologischen Prozessen, die diese ehemals leistungsfähigen und gesunden Jugendlichen zu chronisch kranken Menschen gemacht hat.

Sowohl die Charite in Berlin, als auch die Uniklinik Marburg haben so ein hohes Aufkommen dieser Patienten, dass die Warteliste allein in Marburg, derzeit um die 2000 liegt.
In 25 Jahren Tätigkeit als niedergelassene Kinderärztin habe ich mit den herkömmlichen Impfstoffen niemals solche schwerwiegenden Reaktionen gesehen, die zudem aus einer sozialen Indikation der STIKO erwachsen sind.

Ich hoffe, dass Sie denjenigen, die beschämt und ohne Lobby mit einer solchen Impfreaktion leben müssen, eine Stimme, vor allem aber therapeutische Möglichkeiten bieten.
Haben Sie bitte auch hinsichtlich dieser Erfahrungen im Blick, mit welcher Nutzen-Risiko-Analyse Sie die heutige Empfehlung ausgesprochen haben.

Mit freundlichen Grüßen,
Margarete Daiber-Helmbold

Februar 2023

An der bestehenden Impfempfehlung hat sich nichts geändert, die Marburger Ambulanz hat Aufnahmestopp, 6000 Patienten stehen inzwischen auf der Warteliste. Inzwischen wissen wir noch mehr über schwere autoimmunologische und kardiovaskuläre Komplikationen, das sogenannte Post-Vac Syndrom. Längst stehen in diesem Jahr andere Viruserkrankungen im Focus.
Weiterhin, und unter der Omikron Variante ganz eindeutig, verläuft bei Kindern Covid 19 fast ausnahmslos mild oder asymptomatisch.

Die Impfempfehlung für junge Menschen muss, längst überfällig, überdacht und dem wissenschaftlichen Kenntnisstand angepasst werden. Dieses ist gleichbedeutend mit einer Zurücknahme der Empfehlung, wie sie bereits in anderen europäischen Ländern stattgefunden hat.
Die durch die Bundesregierung initiierte Werbung, sein Kind impfen zu lassen, ist nicht vertretbar.

Von Seiten der Eltern hat in den vergangenen Monaten eine große Veränderung stattgefunden. Es wird kaum noch angedacht dieser Empfehlung nachzukommen, viele Eltern sind hinterfragend und kritisch geworden. Manche haben das Vertrauen in die STIKO verloren und ihr komplett den Rücken gekehrt.
Viele haben die Corona Infektion bei ihrem eigenen Kind erlebt und gehen von einer bestehenden Immunität

aus.
Mit etwas Abstand zur Pandemie haben sie zu ihrer gesunden Intuition zurückgefunden.

ANHANG ZU TEIL IV

30.06.2021
Email an den Kultusminister

Sehr geehrter Herr Kultusminister ...,

als Kinderärztin habe ich in meiner Praxis derzeit fast täglich verzweifelte Eltern heranwachsender Kinder, die der Corona Impfung für ihre Kinder sehr kritisch gegenüberstehen, deren Kinder aber die Absicht haben, sich impfen zu lassen.
Es ist zunehmend zu beobachten, dass die Schüler*innen von Seiten der Lehrer*innen in vielen Schulen einem Impfdruck ausgesetzt werden, der zum Einen nicht den Empfehlungen der STIKO entspricht und zum Anderen Lehrkräften, die keinerlei medizinische Sachkenntnis haben, nicht zusteht.
Vor Allem auch im Hinblick auf die Freiheiten im sozialen Leben darf hier nicht mit Impfung argumentiert werden.
Aus kinderärztlicher Sicht muss ich feststellen, dass gerade Jugendliche nach der anstrengenden Zeit des Homeschoolings und der Kontaktbeschränkungen den Grundgedanken einer Impfung, nämlich die Prävention einer schwerwiegenden Erkrankung, nicht sachlich reflektieren.
Es wäre wünschenswert, wenn das Statement der STIKO auch in der Lehrerschaft Gehör finden könnte und Kinder und Jugendliche, die sich nicht gegen Covid 19 impfen lassen, auf keinen Fall ausgegrenzt werden.

Ich möchte Sie bitten, Ihre Verantwortlichkeit
wahrzunehmen und dafür Sorge zu tragen.

Mit freundlichen Grüßen,
Margarete Daiber-Helmbold

08.07.2021
Email an die STIKO

Lieber Herr ...,

bitte, falls es Ihre Zeit erlaubt, nur lesen und zur Kenntnis nehmen, Sie brauchen mir nicht zu antworten. Sie wissen, dass ich, wie auch viele meiner kinderärztlichen Kolleg*innen, schlaflose Nächte habe und zum jetzigen Zeitpunkt absolut dagegen bin, gesunde Kinder und Jugendliche zu impfen.
Es ist mir ein Anliegen, dass Sie bitte in den nächsten Impfgesprächen mit den Politiker*innen berücksichtigen, dass die britische Variante für den kommenden Herbst vermutlich kaum noch eine Rolle spielt und die Wirksamkeit der Impfung hinsichtlich der Deltavariante wahrscheinlich zwar schwere Verläufe verhindert, aber nicht die Transmission.
Da Kinder und Jugendliche durch die Erkrankung kaum hospitalisiert werden, ist unter diesem Gesichtspunkt eine Impfung noch fragwürdiger.

In meinem Freundeskreis liegt ein Mitte zwanzig jähriger, kerngesunder, durchtrainierter junger Mann nach der 2. Biontech Impfung schwer darnieder.
Die Meldungen an das PEI sind mehr als dürftig.
Ich hoffe, Sie können sich Ihre Besonnenheit bewahren.

Mit freundlichen Grüßen,
Margarete Daiber-Helmbold

15.07.2021
Email an den Kultusminister

Sehr geehrter Herr Minister ...,

was für eine Tragik.
27 000 vermutlich sehr gesunde Kinder und Jugendliche eingeladen zum Impfen, aus politischen Erwägungen, an der STIKO vorbei.
Kein Wort über beschleunigte Zulassung, Herzmuskelentzündungen, Blutgerinnsel, Gentechnologie und überhaupt, dass wir eigentlich nichts wissen. Was wir wissen, und das ist inzwischen in immer mehr wissenschaftlichen Studien belegt, dass gesunde Kinder und Jugendliche nicht schwer an Covid 19 erkranken, und dass es auch durch eine Impfung keine sterile Herdenimmunität gibt.
Es bleibt zu hoffen, dass Sie diese ungeheuren Kampagnen mit einem immensen medialen Druck für Kinder und Eltern, mit Ihrem Gewissen vereinbaren können.
Ich erwarte, nicht nur als Kinderärztin, sondern auch als Mutter, dass mein Sohn niemals als ungeimpfter Jugendlicher in der Schule praktische und emotionale Nachteile erfährt.
Eine junge Patientin erzählte mir heute von ihrer Schule, dass man ihr gesagt hätte, Sie müsste dann als Einzige eine Maske tragen. Soweit ist es schon gekommen.

Mit freundlichen Grüßen,
Dr. Margarete Daiber-Helmbold

31.07.2021
Email an die Vorsitzende einer großen Partei

Sehr geehrte Frau ...,

als Kinderärztin und Mutter von sieben Kindern habe ich heute mit Entsetzen ihr Zeitungsinterview gelesen.
Mit Verlaub gesagt entzieht es sich meiner Kenntnis, dass Sie medizinischen Sachverstand haben.
Um so mehr erstaunt es mich, mit welcher Selbstverständlichkeit sie von Long Covid bei Kindern und Jugendlichen sprechen. Ich würde Ihnen empfehlen, sich in dieser Sache auf Prof. Dr. Mertens, Vorsitzender der STIKO, zu verlassen, der dazu wissenschaftliche Daten eingeholt hat.
Eventuell wäre es auch eine Möglichkeit, niedergelassene Kinderärzt*innen zu Ihrer Erfahrung zu befragen. Ich, wie viele meiner Kolleg*innen, werden Ihnen sagen müssen, dass wir weder schwer an Covid 19 erkrankte Kinder, noch Long Covid Erkrankungen bei Kindern gesehen haben.

Ich hoffe, Sie können es mit Ihrem Gewissen verantworten, Kindern und Jugendlichen unter diesen Umständen einen Impfstoff schmackhaft zu machen, der beschleunigt zugelassen wurde und über deren Langzeitfolgen wir nichts wissen. Dieses führt den Impfgedanken, nämlich die Prävention einer schwerwiegenden Erkrankung ad absurdum.
Wenn Ihnen über unerwünschte Nebenwirkungen von Biontech und Moderna nichts bekannt ist, möchte ich

Sie bitten, einen Blick in die Datenbanken des PEI, der EMA und der VAERS zu werfen, eventuell überdenken Sie danach die Leichtfertigkeit Ihrer Empfehlungen.

Noch ein psychologischer Aspekt zu Impfmobilen in Schulen:

Schulen müssen ein ausschließlicher Ort des Lernens bleiben. Hier dürfen, gerade während der Pandemie, keine medizinischen Eingriffe vorgenommen werden.
Für viele Kinder ist Schule derzeit ein Zufluchtsort des sozialen Miteinanders.
Eine Schulaula muss ein Raum für Feste und schulische kulturelle Veranstaltungen bleiben.
Kinder und Eltern dürfen keinem sozialen und gesellschaftlichem Druck ausgesetzt werden, sich für Freiheitsrechte impfen zu lassen.

Noch ein kurzer medizinischer Aspekt:

Kinder und Jugendliche haben sehr häufig Angst vor Spritzen und reagieren nach einer Impfung mit einer Synkope. Vielleicht wissen Sie, dass es gerade nach Biontech auch überdurchschnittlich häufig sehr schwere allergische Reaktionen gibt.
Alle Personen, die sich impfen lassen möchten, sollten die Möglichkeit haben, dies unter den besten medizinischen Bedingungen vornehmen zu lassen.
Dieses ist, wie Sie vorschlagen, kein Einkaufszentrum, kein Festival, kein Theater, kein Fussballstadion und erst recht keine Schule.

In meinem eigenen sozialen Umfeld kenne ich junge und alte Menschen, die nach Biontech schwer erkrankt sind.

Als Frau der politischen Mitte hoffe und denke ich, dass Ihre Haltung Ihnen keine Wählerstimmen bescheren wird.

Mit freundlichen Grüßen,
Dr. Margarete Daiber-Helmbold

17.08.2021
Email an den Kultusminister

Sehr geehrter Herr Minister ...,

die Entscheidung der STIKO wiegt schon schwer genug, aber Ihre Absicht, Impfungen in den Schulen durchzuführen, ruft bei mir als Kinderärztin das pure Entsetzen hervor.

Ich halte dieses Vorgehen aus medizinischer Sicht für viel zu gefährlich.
Kinder und Jugendliche haben häufig Angst vor Spritzen, oft genug kollabieren sie nach der Injektion oder entwickeln eine andere vegetative Reaktion.
Ich hoffe, Sie wissen, dass gerade nach Biontech und Moderna deutlich häufiger mit allergischen Reaktionen zu rechnen ist, als bei den herkömmlichen Impfstoffen.

Mobile Impfteams an Schulen bedeutet auch hier den sozialen Druck zu erhöhen, was ja ganz offensichtlich gewünscht ist.
Können Sie nicht wenigstens diese Orte des Lernens und der Kultur unbesetzt lassen von medizinischen Eingriffen?
Ich hoffe, dass Sie auch als Vater dreier Kinder sich solche Massnahmen wirklich gut überlegt haben.

Mit freundlichen Grüßen,
Dr. Margarete Daiber-Helmbold

16.09.2021
Email an den Kultusminister

Sehr geehrter Herr Minister …,

als Kinderärztin und langjährige SER Vorsitzende eines hannoverschen Gymnasiums möchte ich davor warnen, die 2G Regel für schulische Veranstaltungen anzuwenden.
Die Kluft zwischen Lehrer und Eltern, soziale Kontrolle und gesellschaftliche Spaltung werden dadurch immer größer.
Schulisches Engagement wäre für ungeimpfte Eltern nicht mehr möglich.

Ich bitte Sie herzlich darum, an Schulen die 3G Regel beizubehalten, um den schulischen Alltag in diesen ohnehin komplizierten Zeiten zwischenmenschlich harmonisch zu ermöglichen.

Mit freundlichen Grüßen,

Dr. Margarete Daiber-Helmbold

NACHWORT

VERGEBEN?

Für mich gibt es nur eine Antwort darauf.
Wir müssen uns vergeben, nur so können wir als Einzelne und als Gesellschaft heilen.
Es gibt jedoch ein großes Aber.
Einfach zu sagen, dass wir aus dieser Krise, wie vielleicht aus anderen Lebenskrisen, gestärkt hervor gehen, wäre zu oberflächlich gedacht, und dem nicht gerecht, was vielen Menschen und vor allem den Kindern während der Pandemie zugemutet wurde.
Auch dann, wenn die Selbstreflektion der Verantwortlichen funktionieren würde, bliebe eine Gruppe der Beteiligten auf der Strecke, weil ihre Erkrankung durch Worte nicht heilbar ist. Die Impfgeschädigten.
Doch dazu später mehr.

Die Verantwortlichen müssen bereit sein, sich ihrer Verantwortung zu stellen.
Bis jetzt ist dies nur ansatzweise und zögerlich geschehen.

Nach neuestem Kenntnisstand waren Kita- und Schulschließungen in so großem Stil nicht notwendig, die Maskenpflicht hat ihren Zweck nur bedingt erfüllt und die Corona Impfung hat in vielen Punkten versagt, für die sie eingesetzt und beworben wurde.

Im Hinblick auf Kinder und Jugendliche bleibt
besonders viel zu tun.
Vieles kann nicht wieder gut gemacht werden, wir
können die Zeit nicht zurückdrehen. Wertvolle
Kindheitsjahre oder eine Pubertät, die nicht gelebt
werden konnte, sind unwiderruflich vorbei.

Jetzt muss auf mehreren Ebenen investiert werden,
denn die Probleme sind vielschichtig.
Bei den Kleinsten sind es die Sprachstörungen und die
Wahrnehmungsstörungen, teilweise auch sozial
phobische Verhaltensmuster. Es ist eine Altersgruppe,
die während der Pandemie ihre ersten beiden
Lebensjahre außerhalb der eigenen Familie fast nur in
Gesichter mit Masken geschaut hat und wenig Kontakt
zu Gleichaltrigen und fremden Erwachsenen hatte.

Bei den Schulkindern sind es die Lerndefizite in Bezug
auf Wissen und kognitive Fähigkeiten und auch der
Verlust bereits erworbener Kenntnisse, vor allem bei
Kindern aus bildungsfernen Elternhäusern.
Niemals vorher hat eine größere Unterbrechung des
Lernens stattgefunden.
Die Häufigkeit psychischer Erkrankungen bei Kindern
und Jugendlichen, wie Angststörungen, Depressionen
und Suizidalität, ist sprunghaft gestiegen.
Übergewicht mit den entsprechenden gesundheitlichen
Folgen ist der körperliche Ausdruck von Lockdown und
Kontaktbeschränkungen.

Auch, oder gerade weil das Thema immer noch

tabuisiert wird, müssen impfgeschädigte Menschen endlich gesehen und mit entsprechendem Respekt ernst genommen werden.
Es waren die, die der Empfehlung vertraut haben.
In meinem Berufsleben habe ich bislang kein ähnlich schweres Krankheitsbild gesehen als das, was der vollen Ausprägung des sogenannten Post-Vac Syndroms entspricht.
Es ist eine Erkrankung, die heimtückisch ist, weil sie so schwer fassbar ist und trotzdem den gesamten Körper von der kleinsten Kapillare bis zur Oberfläche der Haut und damit alle Organe betrifft.
Hauptsächlich sind es die jüngeren Menschen, die nach der Impfung an diesem multiinflammatorischen Syndrom erkranken und so schwer, dass das vorherige Leben mit dem Leben nach der Impfung nichts mehr gemeinsam hat.
Zurück bleibt eine schwere chronische Erkrankung, die nicht selten Depression und Arbeitsunfähigkeit nach sich zieht.
Vorausgegangen sind zahlreiche Arztbesuche, oft privat bezahlt, die zu Unrecht in einer psychosomatischen Diagnose münden.

Von den Geimpften zu den Ungeimpften.
Auch sie müssen erwähnt werden, weil sie zu der Gruppe von Menschen gehören, die in einem Ausmaß diffamiert wurden, wie ich es niemals für möglich gehalten hätte.
Wir wurden geradezu dazu aufgefordert, und dies mit oft über Polemik, einen Teil unserer Mitmenschen

auszugrenzen und sie und ihre Kinder nicht mehr am gesellschaftlichen Leben teilnehmen zu lassen. Freundschaften und Familien sind dabei zerbrochen und diese Erfahrung ist eine traumatische, auch für Kinder, die Ausgrenzung und Mobbing in der Schule erlebt haben.

Jetzt brauchen wir einen Perspektivwechsel.
Die Pandemie ist vorbei.

Der Perspektivwechsel muss auf zwei Ebenen, der materiellen und der zwischenmenschlichen, vollzogen werden.

Für das Wichtigste, die Bildung und Therapie unserer Kinder, muss jetzt viel Geld zur Verfügung gestellt werden.

Für eine bessere Ausstattung der Schulen.
Für Neuanstellungen von Lehrerinnen und Lehrern, um Lerndefizite auszugleichen.
Für eine bessere frühkindliche Bildung in Krippen und Kindergärten.
Für kürzere Wartezeiten bei Kinderpsychotherapeuten, Logopäden und Ergotherapeuten.

Impfgeschädigte müssen gehört und Ihnen muss geholfen werden.

Mit einer Enttabuisierung ihres Krankheitsbildes.
Mit Forschung und wissenschaftlicher Aufarbeitung.

Mit evidenzbasierten Leitlinien für eine Therapie.
Mit einer Kostenübernahme der Diagnostik und
Therapie seitens der Krankenkassen.
Mit der Anerkennung von Impfschäden.

Die Impfempfehlung der STIKO für Kinder und
Jugendliche muss dem neuesten Kenntnisstand
angepasst und damit zurückgenommen werden, und für
alle Altersgruppen neu bewertet werden.

Ja, auch eine Entschuldigung bei denen wäre vonnöten,
die ausgegrenzt wurden.

Der Perspektivwechsel auf zwischenmenschlicher
Ebene bedeutet endlich auch öffentlich das Ende der
Pandemie zu kommunizieren und nicht das
Hintertürchen der Angst weiterhin offen zu halten.
Damit wäre in Pflegeeinrichtungen, Krankenhäusern
und Arztpraxen der Weg frei, die Muster der letzten drei
Jahre wieder verlassen zu können.
Damit meine ich Masken, Plexiglaswände, Abstand und
Einschränkungen der Personenzahl. Inzwischen ist all
das für manche zur Gewohnheit geworden.

Auch den Kindern und Jugendlichen sollte gesagt
werden, dass diese Zeit jetzt vorbei ist und die Masken
endgültig entsorgt werden können.
Für Alle benötigen wir in Kindergarten und Schule
wieder mehr Focus auf die Fächer, die Nähe und das
soziale Miteinander stärken.
Kunst, Musik und Tanz ist das Zauberwort, vielleicht

auch das Unterrichtsfach Glück, das der Pädagoge Ernst
Fritz Schubert schon 2007 an einer Schule eingeführt
hat, und inzwischen in immer mehr Schulen Einzug
hält.
Innovative Pädagogik, die es vor der Pandemie in vielen
Schulen bereits gab, darf endlich zurückkehren.

Eine Tanzlehrerin, die Kurse für die ganz Kleinen
anbietet, erzählte mir vom Abschiedsritual nach jeder
Stunde.
Die Kinder dürfen sich anhand von Symbolen
aussuchen, wie sie verabschiedet werden möchten.
Eines davon ist das Herz, was soviel bedeutet wie, ich
möchte einmal gedrückt werden.
Fast alle Kinder entscheiden sich für das Herz.
Glücklicherweise.

Ja, und dann können wir vergeben.

ICH MÖCHTE DANKE SAGEN

meinem Ehemann Christian und meiner ältesten Tochter Anna, ihr wart mir die Vertrautesten in dieser Zeit.

meiner lieben Praxiskollegin, die meine Skepsis und meinen Blick auf die Dinge akzeptiert hat.

dem ganzen Praxisteam, das dafür gesorgt hat, dass wir auch während der Pandemie für unsere Patienten menschlich und medizinisch das Möglichste getan haben.

Yasmin Milan-Humbracht für das Vorwort und für den regen Austausch mit ihr als Traumatherapeutin über Kinder, Trauma und Heilung.

meinen Patienteneltern für ihre Offenheit und vertrauensvolle Gespräche.

meinen homöopathischen Kolleginnen und Kollegen, die immer wieder meinen ganzheitlichen medizinischen Blick stärken.

dem Verein Ärzte für Individuelle Impfentscheidung und dem Kinderarzt Steffen Rabe, deren unermüdliche wissenschaftliche Recherche meine Haltung bestärkt hat.

meinem Lieblingsgymnasium in Hannover, das sich
streng an die Vorgaben gehalten hat, und trotzdem die
Kultur nicht aus den Augen verlor.

meinen Freundinnen und Freunden, die ich zu Schule
und Kindergarten befragen konnte und mir somit einen
noch detaillierteren Blick auf die Dinge ermöglicht
haben.

all jenen Menschen, darunter viele Kolleginnen und
Kollegen, die ich nicht kenne, von denen ich aber weiß,
dass sie in gleicher Weise denken.

meinen sieben Kindern.
Seit eurer Geburt weiß ich, was bedingungslose Liebe ist.
Ich danke euch, dass wir uns trotz aller kontroverser
Diskussionen nicht verloren haben.

meinen beiden Enkelkindern für gemeinsame kreative
Tätigkeiten.
In dieser Zeit habe ich das Außen vergessen.

PLATZ FÜR EIGENE ERINNERUNGEN

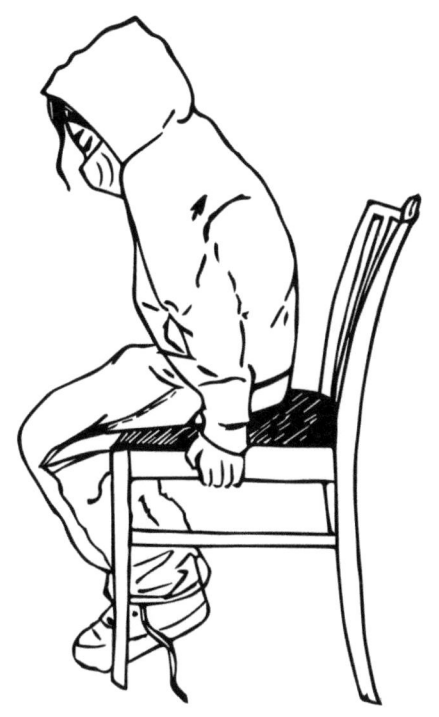